BEI GRIN MACHT SICH IHR WISSEN BEZAHLT

- Wir veröffentlichen Ihre Hausarbeit, Bachelor- und Masterarbeit

- Ihr eigenes eBook und Buch - weltweit in allen wichtigen Shops

- Verdienen Sie an jedem Verkauf

Jetzt bei www.GRIN.com hochladen und kostenlos publizieren

Bibliografische Information der Deutschen Nationalbibliothek:

Die Deutsche Bibliothek verzeichnet diese Publikation in der Deutschen Nationalbibliografie; detaillierte bibliografische Daten sind im Internet über http://dnb.d-nb.de/ abrufbar.

Dieses Werk sowie alle darin enthaltenen einzelnen Beiträge und Abbildungen sind urheberrechtlich geschützt. Jede Verwertung, die nicht ausdrücklich vom Urheberrechtsschutz zugelassen ist, bedarf der vorherigen Zustimmung des Verlages. Das gilt insbesondere für Vervielfältigungen, Bearbeitungen, Übersetzungen, Mikroverfilmungen, Auswertungen durch Datenbanken und für die Einspeicherung und Verarbeitung in elektronische Systeme. Alle Rechte, auch die des auszugsweisen Nachdrucks, der fotomechanischen Wiedergabe (einschließlich Mikrokopie) sowie der Auswertung durch Datenbanken oder ähnliche Einrichtungen, vorbehalten.

Impressum:

Copyright © 2017 GRIN Verlag
Druck und Bindung: Books on Demand GmbH, Norderstedt Germany
ISBN: 9783668942226

Dieses Buch bei GRIN:

https://www.grin.com/document/478164

Dominik Conrad

Trainingslehre II. Planung eines 6-wöchigen Ausdauertrainings

GRIN Verlag

GRIN - Your knowledge has value

Der GRIN Verlag publiziert seit 1998 wissenschaftliche Arbeiten von Studenten, Hochschullehrern und anderen Akademikern als eBook und gedrucktes Buch. Die Verlagswebsite www.grin.com ist die ideale Plattform zur Veröffentlichung von Hausarbeiten, Abschlussarbeiten, wissenschaftlichen Aufsätzen, Dissertationen und Fachbüchern.

Besuchen Sie uns im Internet:

http://www.grin.com/

http://www.facebook.com/grincom

http://www.twitter.com/grin_com

Deutsche Hochschule für
Prävention und Gesundheitsmanagement
Hermann Neuberger Sportschule 3
66123 Saarbrücken

Einsendeaufgabe

Fachmodul:	Trainingslehre II
Studiengang:	Fitnessökonomie
Datum Präsenzphase:	20.11.17 – 22.11.17
Name, Vorname:	Conrad, Dominik
Studienort:	**München**
Semester:	**WS 16**

Inhaltsverzeichnis

1 DIAGNOSE 3

   1.1 Allgemeine und biometrische Daten 3

   1.2 Leistungsdiagnostik/Ausdauertestung 4

   1.3 Gesundheits- und Leistungsstatus der Person 5

2 ZIELSETZUNG UND PROGNOSE 6

3 TRAININGSPLANUNG MESOZYKLUS 7

   3.1 Grobplanung Mesozyklus 7

   3.2 Detailplanung Mesozyklus 8

   3.3 Begründung zum Mesozyklus 9

4 LITERATURRECHERCHE ZUM THEMA: EFFEKTE DES AUSDAUERTRAININGS BEI ARTERIELLER HYPERTONIE 11

5 LITERATURVERZEICHNIS 13

6 TABELLENVERZEICHNIS 14

1 Diagnose

1.1 Allgemeine und biometrische Daten

Tab. 1: Allgemeine Daten zur Person

Alter	18 Jahre
Geschlecht	Männlich
Körpergröße	1,82m
Körpergewicht	76kg
Trainingsmotive/Wünsche	Möchte fitter im Alltag werden und seine Ausdauer verbessern
Berufliche Tätigkeit	Schüler (Gymnasium)
Aktuelle und frühere sportliche Aktivitäten	Keine regelmäßigen sportlichen Aktivitäten, früher wie heute
Zeitlicher Verfügungsrahmen	Maximal 60 Minuten bei 2-3 Trainingseinheiten pro Woche

Tab. 2: Daten zur Ermittlung des Gesundheitszustandes

Parameter	Erhobene Daten	Normwerte
Blutdruck	128/84 mmHg	Optimal: >120/80 mmHg Normal: 120-129/80-84 mmHg Hochnormal: 130-139/85-89 mmHg
Ruhepuls	79 Schläge/Minute	60-80 Schläge/Minute
BMI-Wert	BMI von 22,9	Normbereich für Männer im Alter von 18 Jahren: BMI von 20-25
Orthopädische/internistische Probleme/Krankheiten	keine	-
Medikamenteneinnahme	keine	-

1.2 Leistungsdiagnostik/Ausdauertestung

Zur Testung der Leistungsfähigkeit auf dem Fahrradergometer wurde der WHO-Test gewählt. Der zu Testende hat in seinem Leben nie regelmäßig Sport (oder speziell Ausdauersport) betrieben, somit ist eher von einer schlechten Ausdauerfähigkeit auszugehen. Diese Testform ist vor allem für Untrainierte und Anfänger geeignet, da sie relativ einfach aufgebaut ist und keine zu großen Anforderungen an die Person stellt. Es wird vorher eine Pulsobergrenze bestimmt und bis zu dieser trainiert. Die Person ist somit einer submaximalen Belastung ausgesetzt, dies ist empfehlenswerter für einen Anfänger, als ein maximaler Belastungstest, da sonst die Belastung zu groß wäre.

Tab. 3: Fahrradergometertest

Testform: WHO-Test Submaximaler Stufentest Auf dem Fahrradergometer	Zielherzfrequenz / Pulsobergrenze nach IPN (ermittelt durch Ruhepuls und Lebensalter): 150 S/min	Stufendauer: 2min Trittfrequenz: 60-80 U/min	Eingangsbelastung: 25 Watt Belastungssteigerung: 25 Watt
Zeit in Minuten	Belastung in Watt	Herzfrequenz in S/min	Stufe
1	25	90	1
2	25	94	
3	50	101	2
4	50	105	
5	75	109	3
6	75	116	
7	100	123	4
8	100	129	
9	125	137	5
10	125	145	
11	150	152	6
12	150	160	

In Tabelle 3 wurde der Testverlauf der Person aufgezeichnet. Es wurden insgesamt 5 Stufen vollständig durchfahren (bis 125 Watt). In Stufe 6 (bei 150 Watt) wurde nach einer Minute die Pulsobergrenze von 150 S/min erreicht. Der Proband beendete den Testdurchlauf nach 12 Minuten mit einer Herzfrequenz von 160 S/min. Die Gesamtleistung beträgt somit 137,5 Watt (125 Watt + 12,5 zeitinterpoliert von der einen Minute in Stufe 6 = 137,5). Wenn man nun die relative Wattleistung in Bezug auf das Körpergewicht bestimmt, kommt man auf 1,8 Watt/kg Körpergewicht (137,5 Watt / 76 kg). Vergleicht man diesen Wert mit einer Normtabelle der IPN für Männer, ist das Ergebnis eine unterdurchschnittliche Ausdauerleistung (IPN, 2004).

1.3 Gesundheits- und Leistungsstatus der Person

Da die Person untrainiert ist, kann man anhand des errechneten BMI-Wertes von einem absoluten Normalgewicht ausgehen. Der Blutdruck, sowie der Puls, liegen gerade noch im Normalbereich, aber stellen keine Risikofaktoren dar. Dass diese beiden Parameter nicht im optimalen Bereich liegen, lässt sich auf das untrainierte Herz-Kreislauf-System zurückführen. Des Weiteren weißt die Person keine orthopädischen, wie internistischen Probleme auf und unterliegt keiner regelmäßigen Medikamenteneinnahme. Somit sind keinerlei Risikofaktoren festzustellen, die Person lässt sich folglich, aus gesundheitlicher Sicht, uneingeschränkt trainieren.

Wie sich aus dem Ausdauertest ergab, besitzt die Person eine unterdurchschnittliche Ausdauerleistungsfähigkeit. Dies ist auf den fehlenden Sport in der Vergangenheit zurückzuführen. Die Person ist untrainiert und gilt somit als Anfänger. Jedoch liegen auch hier keinerlei Risikofaktoren vor, sie ist ihrem Leistungsstatus entsprechend vollständig belastbar.

2 Zielsetzung und Prognose

Tab. 4: Zielsetzung/Prognose

Inhalt	Ausmaß	Zeit
Ruhepuls senken	5 Schläge/min weniger	12 Wochen
Blutdruck senken	Systolisch: 8 mmHg weniger Diastolisch: 4 mmHg weniger	3 Monate
Watt-Soll-Leistung verbessern	Um 10-15% (von den 1,8 Watt/kg aus dem Testergebnis ausgehend)	12 Wochen

Um dem Ziel fitter werden im Alltag nachzugehen, befasst man sich natürlich grundsätzlich damit überhaupt Sport zu betreiben. Als Indikatoren für dieses Ziel wurden hier der Blutdruck und der Ruhepuls ausgewählt. Im Zuge der Trainingsplanung werden diese beiden Werte gesenkt, was gleichzeitig auf ein gesünderes, trainierteres Herz-Kreislauf-System schließen lässt. Die Person wird so fitter und belastbarer im Alltag sein.

Als weiteres Ziel wurde die Verbesserung der Watt-Soll-Leistung festgelegt. Dieser Wert dient als Indikator für die Ausdauerfähigkeit und dient der Person zur Veranschaulichung und Vergleich ihres Könnens. Die Leistungsfähigkeit kann somit aufgezeichnet und zu einem späteren Zeitpunkt mit der aktuellen Leistung verglichen werden.

3 Trainingsplanung Mesozyklus

3.1 Grobplanung Mesozyklus

Tab. 5: Grobplanung Mesozyklus

Mesozyklus	
Dauer	6 Wochen
Trainingsziel	<ul><li>Einstieg in ein regelmäßiges Training für einen Anfänger</li><li>Aufbau und Stabilisierung der Grundlagenausdauer (GA1)</li></ul>
Belastungsumfang/Woche	30-60 Minuten
Trainingsmethode	Extensive Dauermethode
Trainingsintensität	60-70% Hf_{max}
Trainingshäufigkeit/Woche	2-3 Mal
Dauer pro Trainingseinheit	15-20 Minuten
Trainingsgerät	Fahrradergometer

3.2 Detailplanung Mesozyklus

Tab. 6: Detailplanung Mesozyklus

Woche 1	Montag	Donnerstag	Woche 4	Montag	Mittwoch	Freitag
Trainings-ziel	Aufbau und Stabilisierung der Grundlagenausdauer (GA1)	Aufbau und Stabilisierung der Grundlagenausdauer (GA1)	Trainings-ziel	Aufbau und Stabilisierung der Grundlagenausdauer (GA1)	Aufbau und Stabilisierung der Grundlagenausdauer (GA1)	Aufbau und Stabilisierung der Grundlagenausdauer (GA1)
Tr.-Methode	Extensive Dauermethode	Extensive Dauermethode	Tr.-Methode	Extensive Dauermethode	Extensive Dauermethode	Extensive Dauermethode
Tr.-Intensität	60-70% Hf_{max} / 109-127 S/min	60-70% Hf_{max} / 109-127 S/min	Tr.-Intensität	60-70% Hf_{max} / 109-127 S/min	60-70% Hf_{max} / 109-127 S/min	60-70% Hf_{max} / 109-127 S/min
Tr.-Dauer	15 Minuten	15 Minuten	Tr.-Dauer	15 Minuten	15 Minuten	15 Minuten
Tr.-Gerät	Fahrradergometer	Fahrradergometer	Tr.-Gerät	Fahrradergometer	Fahrradergometer	Fahrradergometer
Woche 2	Montag	Donnerstag	Woche 5	Montag	Mittwoch	Freitag
Trainings-ziel	Aufbau und Stabilisierung der Grundlagenausdauer (GA1)	Aufbau und Stabilisierung der Grundlagenausdauer (GA1)	Trainings-ziel	Aufbau und Stabilisierung der Grundlagenausdauer (GA1)	Aufbau und Stabilisierung der Grundlagenausdauer (GA1)	Aufbau und Stabilisierung der Grundlagenausdauer (GA1)
Tr.-Methode	Extensive Dauermethode	Extensive Dauermethode	Tr.-Methode	Extensive Dauermethode	Extensive Dauermethode	Extensive Dauermethode
Tr.-Intensität	60-70% Hf_{max} / 109-127 S/min	60-70% Hf_{max} / 109-127 S/min	Tr.-Intensität	60-70% Hf_{max} / 109-127 S/min	60-70% Hf_{max} / 109-127 S/min	60-70% Hf_{max} / 109-127 S/min
Tr.-Dauer	15 Minuten	15 Minuten	Tr.-Dauer	15 Minuten	15 Minuten	15 Minuten
Tr.-Gerät	Fahrradergometer	Fahrradergometer	Tr.-Gerät	Fahrradergometer	Fahrradergometer	Fahrradergometer
Woche 3	Montag	Donnerstag	Woche 6	Montag	Mittwoch	Freitag
Trainings-ziel	Aufbau und Stabilisierung der Grundlagenausdauer (GA1)	Aufbau und Stabilisierung der Grundlagenausdauer (GA1)	Trainings-ziel	Aufbau und Stabilisierung der Grundlagenausdauer (GA1)	Aufbau und Stabilisierung der Grundlagenausdauer (GA1)	Aufbau und Stabilisierung der Grundlagenausdauer (GA1)
Tr.-Methode	Extensive Dauermethode	Extensive Dauermethode	Tr.-Methode	Extensive Dauermethode	Extensive Dauermethode	Extensive Dauermethode
Tr.-Intensität	60-70% Hf_{max} / 109-127 S/min	60-70% Hf_{max} / 109-127 S/min	Tr.-Intensität	60-70% Hf_{max} / 109-127 S/min	60-70% Hf_{max} / 109-127 S/min	60-70% Hf_{max} / 109-127 S/min
Tr.-Dauer	15 Minuten	15 Minuten	Tr.-Dauer	20 Minuten	20 Minuten	20 Minuten
Tr.-Gerät	Fahrradergometer	Fahrradergometer	Tr.-Gerät	Fahrradergometer	Fahrradergometer	Fahrradergometer

3.3 Begründung zum Mesozyklus

Der wöchentliche Belastungsumfang belief sich in den ersten 3 Wochen auf 30 Minuten, stieg ab der 4. Woche auf 45 Minuten, bis zur 6. Woche, in welcher er 60 Minuten betrug. Der Sinn dahinter ist, den Trainierenden in den ersten 3 Wochen langsam an das Ausdauertraining zu gewöhnen. Nach Zintl und Eisenhut (2001, S.37) reicht (vor allem bei einem Anfänger) schon eine Belastung von 10 Minuten aus, um spezifische Wirkungen für die Ausdauerleistungsfähigkeit zu erzielen. Optimal wäre eine Belastung von mindestens 60 Minuten pro Woche, diese wird dann in Woche 6 erreicht. Auch wird so eine anfängliche Überforderung vermieden, denn es handelt sich hier um einen Anfänger, der nie vorher regelmäßigen Sport betrieben hat. Aus gesundheitlicher Sicht ist dieser Belastungsumfang auf jeden Fall in Ordnung.

Als Trainingsmethode wurde für den kompletten Mesozyklus die extensive Dauermethode gewählt. Dies ist die Basismethode für das Ausdauertraining und bringt den Trainierenden langsam an das Training heran. Vor allem für Anfänger ist dies ein sehr guter Einstieg. Als Fundament der Ausdauer, wird die Grundlagenausdauer, mit dieser Methode aufgebaut und stabilisiert (Hottenrott, 2006). Damit werden auch die Ziele verfolgt, fitter im Alltag zu werden und die Ausdauer im Allgemeinen zu verbessern. Das Herz-Kreislauf-System wird grundlegend ökonomisiert und stabilisiert.

Der Nutzen dieser Methode liegt also vor allem im angesteuerten Trainingsbereich der GA1. Sie dient als Grundlage der Ausdauer in diesem Mesozyklus, sowie für alle folgenden Mesozyklen.

Die Belastungsprogression wurde ganz nach der Grundlage im Ausdauertraining „Häufigkeit vor Umfang vor Intensität" durchgeführt. Im ersten Schritt wurde die Häufigkeit von 2 Trainingseinheiten pro Woche (Woche 1-3) auf 3 Einheiten pro Woche (ab Woche 4) erhöht. Im nächsten Schritt wurde, in Woche 6, der Umfang, von 45 Minuten auf 60 Minuten pro Woche, erhöht. Die Intensität wurde in diesem Mesozyklus noch nicht erhöht. Die Regel wurde korrekt, d.h. in der richtigen Reihenfolge, eingehalten. Erst wurde die Häufigkeit und danach der Umfang gesteigert. Insgesamt bleibt die Belastung aber einem Beginner angemessen.

Als Ausdauergerät wurde für den kompletten Mesozyklus das Fahrradergometer gewählt. Hierbei gibt es zwei grundlegende Gründe dafür. Der erste Grund ist die Einfachheit dieses Gerätes. Fahrradfahren kann jeder und für die ersten 6 Woche kann der Proband sich ganz auf sein Training fokussieren und muss nicht noch zusätzlich komplizierte Bewegungsformen erlernen. Die koordinativen Anforderungen sind also für einen Anfänger angemessen und auch die Belastung lässt sich hier sehr leicht dosieren. Der zweite Grund ist die Testbarkeit dieses Gerätes. Beim Fahrradergometer liegt die beste Testbarkeit vor. Auch der Eingangstest wurde mit diesem Gerät durchgeführt. Dies bedeutet, die Person kann immer wieder auf alte Testergebnisse zurückgreifen und sie mit aktuellen Werten vergleichen (intraindividueller Leistungsvergleich).

4 Literaturrecherche zum Thema: Effekte des Ausdauertrainings bei arterieller Hypertonie

Tab. 7: Studie 1 zu Ausdauertraining bei Hypertonie

Name der Studie:	Effekte eines 12-wöchigen Ausdauertrainings auf die körperliche Leistungsfähigkeit und den psychischen Zustand von Patienten mit isolierter systolischer Hypertonie
Wer hat die Studie durchgeführt?	Meißner, Romy
In welchem Jahr wurde die Studie publiziert?	2011
Mit welchen Versuchspersonen wurde sie durchgeführt?	51 ältere Patienten aus der Blutdrucksprechstunde der Charité-Universitätsmedizin Berlin, alle mit einer isolierten systolischen Hypertonie (=ISH) (S.17)
Wie sah der Versuchsaufbau der Studie aus?	➢ Die Eingangsuntersuchung beinhaltete Ruhe- und Belastungs-EKGs, eine Laufbandspiroergometrie, eine Langzeit-Blutdruckmessung und eine Echokardiografie (S.17) ➢ Es gab eine Trainings- und eine Kontrollgruppe, in diese wurden die Probanden randomisiert zugeteilt (S.18-20) ➢ Die Trainingsgruppe (24 Teilnehmer) trainierte 3x wöchentlich auf dem Laufband nach einem Intervallschema (S.21) ➢ Die Kontrollgruppe führte kein Training durch (S.21)
Welche relevanten Ergebnisse und Schlussfolgerungen lieferte die Studie?	• Die Leistungsfähigkeit der Trainierenden hat sich, wie erwartet, signifikant gesteigert (S.24) • Außerdem verbesserten sich signifikant die Werte: Blutdruck systolisch, Laktatwert, Herzfrequenz, Borg-Wert (S.24-28) • Man konnte einen Zusammenhang zwischen diesen Parametern ableiten (S.29-32) • Die Studie gab Anlass zu weiteren Studien in Bezug auf Ausdauertraining bei Patienten mit ISH (S.43)

Tab. 8: Studie 2 zu Ausdauertraining bei Hypertonie

Name der Studie:	Kardiovaskuläre Effekte eines aeroben versus eines isometrischen Trainings bei arterieller Hypertonie
Wer hat die Studie durchgeführt?	Vlatsas, Stergios
In welchem Jahr wurde die Studie publiziert?	2015
Mit welchen Versuchspersonen wurde sie durchgeführt?	70 Patienten mit bekannter arterieller Hypertonie (medikamentös behandelt) oder einem Blutdruck von >140/90 mmHg (ohne Medikamente) (siehe S.7 im Abstract)
Wie sah der Versuchsaufbau der Studie aus?	➢ Die Personen wurden in 3 Gruppen randomisiert eingeteilt ➢ Eine Gruppe mit 25 Leute führte 5x pro Woche ein isometrisches Training durch ➢ Die zweite Gruppe mit 23 Personen ein so genanntes „Placebo-Training" (5% der maximalen Kraft), auch 5x pro Woche ➢ Die dritte Gruppe mit 22 Leuten führte 5x pro Woche 30-45min aerobes Ausdauertraining durch (siehe S.7-8 im Abstract)
Welche relevanten Ergebnisse und Schlussfolgerungen lieferte die Studie?	• Das aerobe Training führte zu einer signifikanten Senkung des systolischen, als auch diastolischen Blutdrucks, sowie zu einer Verbesserung der Elastizität der kleinen und großen Blutgefäße und einem Abfall des totalen peripheren Widerstandes • Die anderen beiden Gruppen zeigten keine bedeutenden Ergebnisse auf (siehe S.7-8 im Abstract)

5 Literaturverzeichnis

Hottenrott, K. (2006). *Trainingskontrolle mit Herzfrequenz-Messgeräten.* Aachen: Meyer & Meyer.

Institut für Prävention und Nachsorge (IPN). (2004). *IPN-Test® – Ausdauertest für den Fitness- und Gesundheitssport.* Köln: Institut für Prävention und Nachsorge.

Meißner, R. (2011). *Effekte eines 12-wöchigen Ausdauertrainings auf die körperliche Leistungsfähigkeit und den psychischen Zustand von Patienten mit isolierter systolischer Hypertonie.* Dissertation, Medizinische Fakultät Charité – Universitätsmedizin Berlin, Berlin.

Vlatas, S. (2015). *Kardiovaskuläre Effekte eines aeroben versus eines isometrischen Trainings bei arterieller Hypertonie.* Dissertation, Medizinische Fakultät Charité – Universitätsmedizin Berlin, Berlin.

Zintl, F. & Eisenhut, A. (2001). *Ausdauertraining. Grundlagen – Methoden – Trainingssteuerung* (5. Aufl.). München: BLV Sportwissen.

6 Tabellenverzeichnis

Tab. 1: Allgemeine Daten zur Person 3
Tab. 2: Daten zur Ermittlung des Gesundheitszustandes 3
Tab. 3: Fahrradergometertest 4
Tab. 4: Zielsetzung/Prognose 6
Tab. 5: Grobplanung Mesozyklus 7
Tab. 6: Detailplanung Mesozyklus 8
Tab. 7: Studie 1 zu Ausdauertraining bei Hypertonie 11
Tab. 8: Studie 2 zu Ausdauertraining bei Hypertonie 12

BEI GRIN MACHT SICH IHR WISSEN BEZAHLT

- Wir veröffentlichen Ihre Hausarbeit, Bachelor- und Masterarbeit

- Ihr eigenes eBook und Buch - weltweit in allen wichtigen Shops

- Verdienen Sie an jedem Verkauf

Jetzt bei www.GRIN.com hochladen und kostenlos publizieren